Impressum
Verlag: BABADADA GmbH, Nedderfeld 112 , 22529 Hamburg
Geschäftsführer / Verlagsleitung: Harald Hof
Druck: Books on Demand GmbH, In de Tarpen 42, 22848 Norderstedt

Imprint
Publisher: BABADADA GmbH, Nedderfeld 112 , 22529 Hamburg, Germany
Managing Director / Publishing direction: Harald Hof
Print: Books on Demand GmbH, In de Tarpen 42, 22848 Norderstedt, Germany

1

escuela
kool

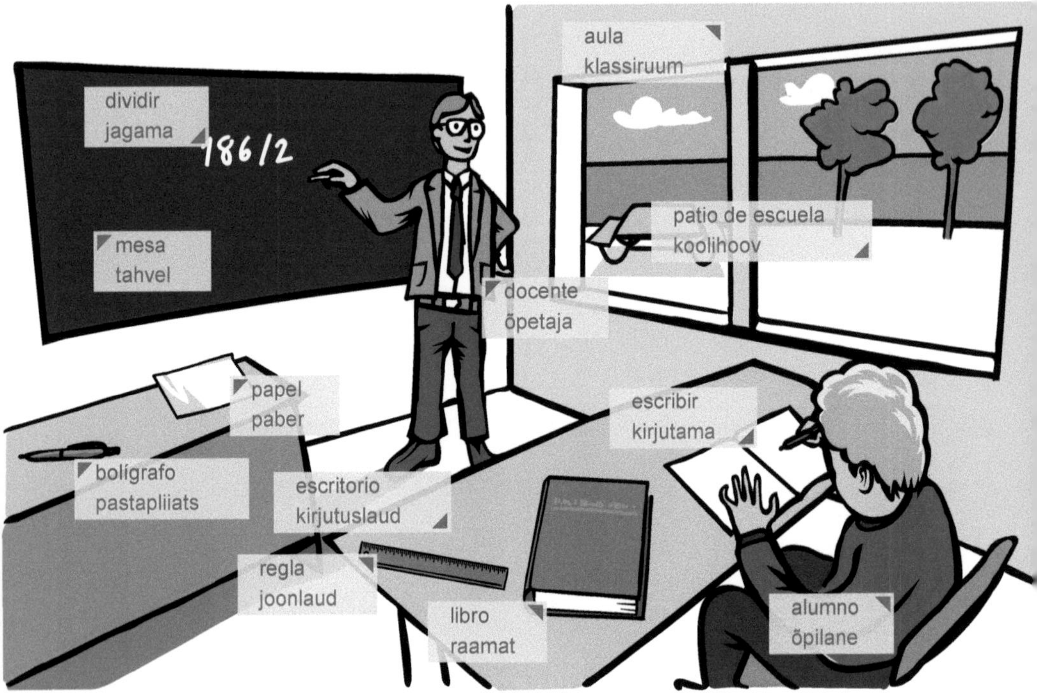
aula
klassiruum
dividir
jagama
186/2
mesa
tahvel
patio de escuela
koolihoov
docente
õpetaja
papel
paber
escribir
kirjutama
bolígrafo
pastapliiats
escritorio
kirjutuslaud
regla
joonlaud
libro
raamat
alumno
õpilane

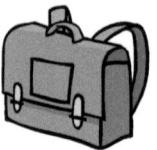

mochila escolar

koolikott

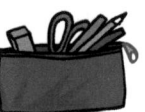

caja de lápices

pinal

lápiz

harilik pliiats

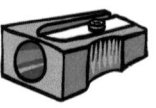

sacapuntas

pliiatsiteritaja

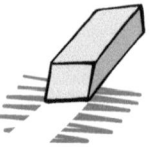

goma de borrar

kustukumm

bloc de dibujo

joonistusplokk

dibujo
joonistus

pincel
pintsel

caja de pinturas
värvikarp

tijera
käärid

pegamento
liim

libro de ejercicios
töövihik

tarea
kodutöö

número
number

sumar
liitma

restar
lahutama

multiplicar
korrutama

calcular
arvutama

letra
täht

alfabeto
tähestik

palabra
sõna

texto
tekst

leer
lugema

tiza
kriit

lección
koolitund

libro de clase
klassipäevik

examen
eksam

certificado
tunnistus

uniforme escolar
koolivorm

educación
haridus

enciclopedia
entsüklopeedia

universidad
ülikool

microscopio
mikroskoop

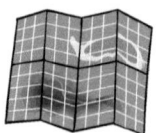

mapa
kaart

cesto de papeles
paberikorv

viaje
reisimine

hotel
hotell
Grand
albergue
hostel
ROOMS
EXCHANGE
casa de cambio
valuutavahetuspunkt
maleta
kohver
auto
auto

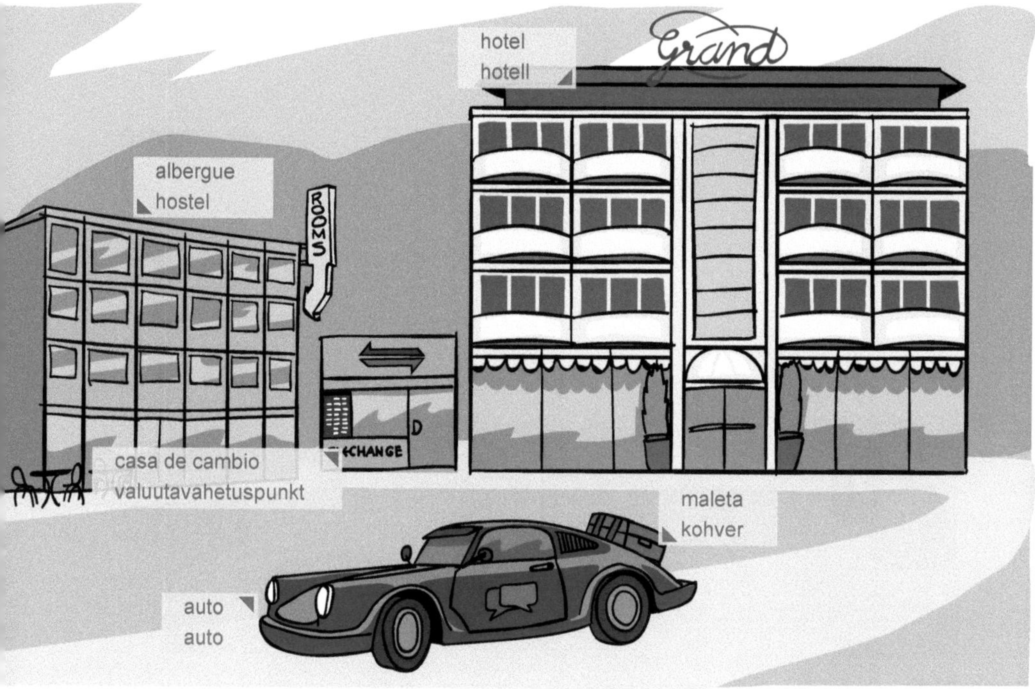

idioma

keel

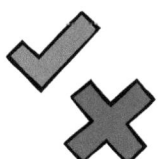

sí / no

jah / ei

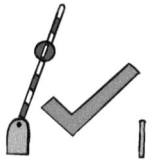

ok

okei

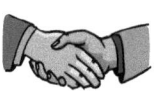

hola

Tere!

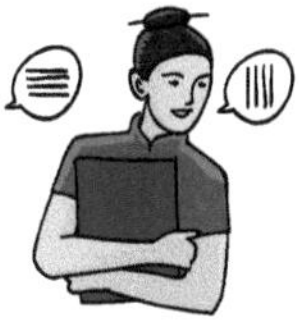

intérprete

tõlk

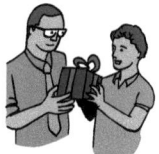

gracias

Aitäh!

¿Cuánto cuesta…?

Kui palju maksab …?

No entiendo

Ma ei saa aru

problema

probleem

¡Buenas tardes!

Tere õhtust!

¡Buenos días!

Tere hommikust!

¡Buenas noches!

Head ööd!

adiós

Head aega!

dirección

suund

equipaje

pagas

bolso

kott

mochila

seljakott

invitado

külaline

cuarto

tuba

saco de dormir

magamiskott

tienda de campaña

telk

información al turista
turismiinfo

playa
rand

tarjeta de crédito
krediitkaart

desayuno
hommikusöök

almuerzo
lõunasöök

cena
õhtusöök

pasaje
pilet

ascensor
lift

sello
postmark

límite
riigipiir

aduana
toll

embajada
saatkond

visa
viisa

pasaporte
pass

transporte
transport

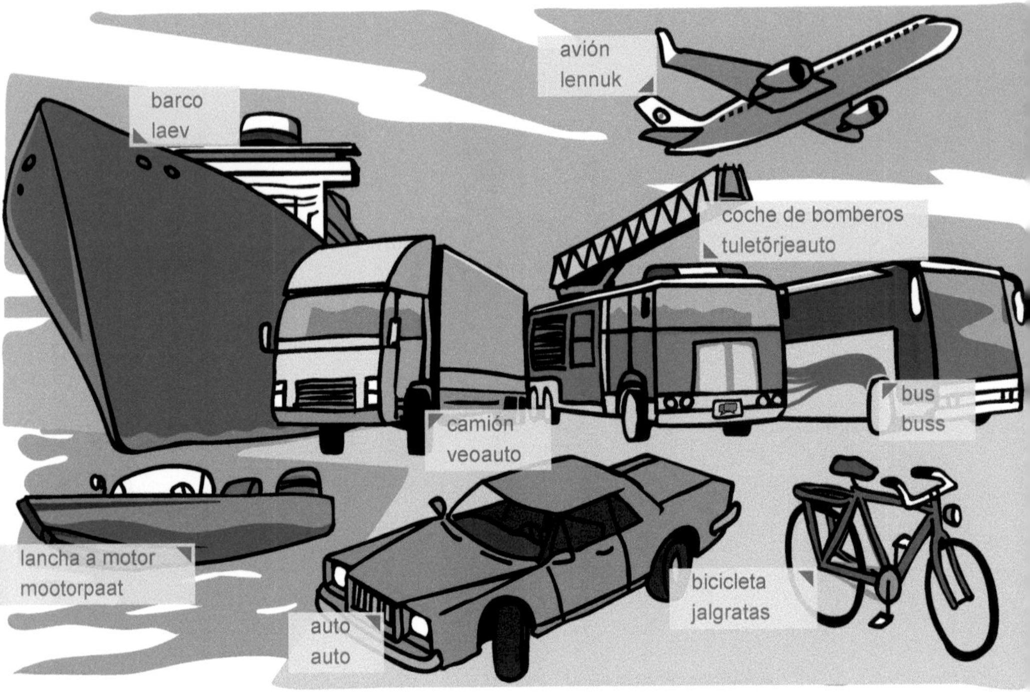
avión
lennuk
barco
laev
coche de bomberos
tuletõrjeauto
bus
buss
camión
veoauto
lancha a motor
mootorpaat
bicicleta
jalgratas
auto
auto

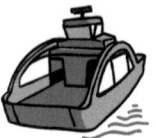

balsa

praam

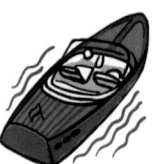

lancha

paat

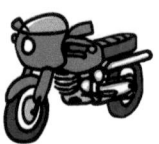

motocicleta

mootorratas

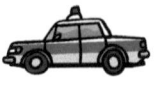

auto de policía

politseiauto

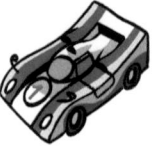

auto de carreras

võidusõiduauto

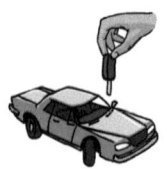

auto de alquiler

rendiauto

alquiler de autos

ühisauto

grúa

puksiirauto

vehículo recolector de basura

prügiauto

motor

mootor

gasolina

kütus

gasolinera

tankla

señal de tráfico

liiklusmärk

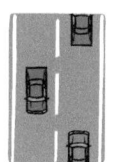

tránsito

liiklus

atasco

liiklusummik

estacionamiento

parkla

estación de tren

raudteejaam

carril

rööpad

tren

rong

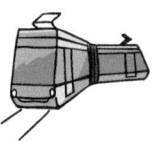

tranvía

tramm

vagón

vagun

helicóptero
helikopter

aeropuerto
lennujaam

torre
torn

pasajero
reisija

contenedor
konteiner

caja de cartón
pappkast

carro
käru

cesta
korv

despegar / aterrizar
õhku tõusma / maanduma

ciudad
linn

aldea
küla

centro de la ciudad
kesklinn

casa
maja

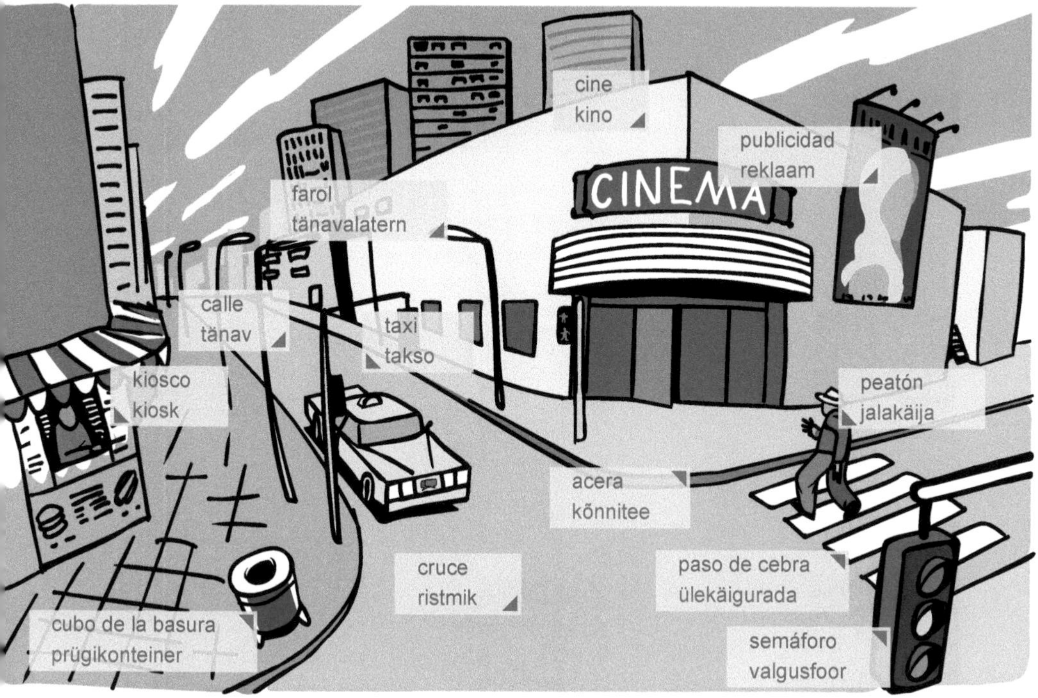

cine
kino
publicidad
reklaam
CINEMA
farol
tänavalatern
calle
tänav
taxi
takso
kiosco
kiosk
peatón
jalakäija
acera
kõnnitee
cruce
ristmik
paso de cebra
ülekäigurada
cubo de la basura
prügikonteiner
semáforo
valgusfoor

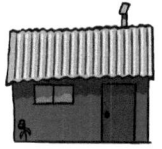

cabaña

osmik

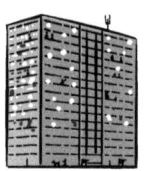

apartamento

kortermaja

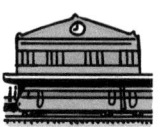

estación de tren

raudteejaam

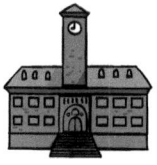

ayuntamiento

raekoda

MUSEUM

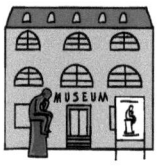

museo

muuseum

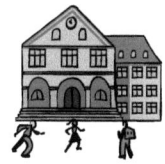

escuela

kool

universidad

ülikool

banco

pank

hospital

haigla

hotel

hotell

farmacia

apteek

oficina

kontor

librería

raamatupood

negocio

kauplus

florería

lillepood

supermercado

supermarket

mercado

turg

grandes almacenes

kaubamaja

pescadería

kalapood

centro comercial

kaubanduskeskus

puerto

sadam

parque
park

banco
pink

puente
sild

escalera
trepp

metro
metroo

túnel
tunnel

parada de autobuses
bussipeatus

bar
baar

restaurante
restoran

buzón de correo
postkast

letrero
tänavasilt

parquímetro
parkimisautomaat

zoológico
loomaaed

piscina
ujula

mezquita
mošee

granja
talu

polución
reostus

cementerio
surnuaed

iglesia
kirik

parque infantil
mänguväljak

templo
tempel

paisaje

maastik

hoja
leht

indicador de camino
teeviit

sendero
tee

pradera
aas

piedra
kivi

árbol
puu

caminante
matkaja

río
jõgi

pasto
rohi

flor
lill

valle

org

montaña

mägi

lago

järv

bosque

mets

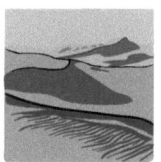

desierto

kõrb

volcán

vulkaan

castillo

linnus

arco iris

vikerkaar

seta

seen

palmera

palm

mosquito

sääsk

mosca

kärbes

hormiga

sipelgas

abeja

mesilane

araña

ämblik

escarabajo

mardikas

rana

konn

ardilla

orav

erizo

siil

liebre

jänes

lechuza

öökull

pájaro

lind

cisne

luik

jabalí

metssiga

ciervo

hirv

alce

põder

embalse

pais

aerogenerador

tuuleturbiin

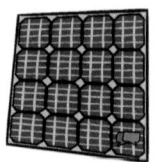

módulo solar

päikesepaneel

clima

kliima

restaurante

restoran

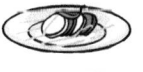

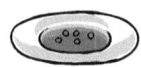

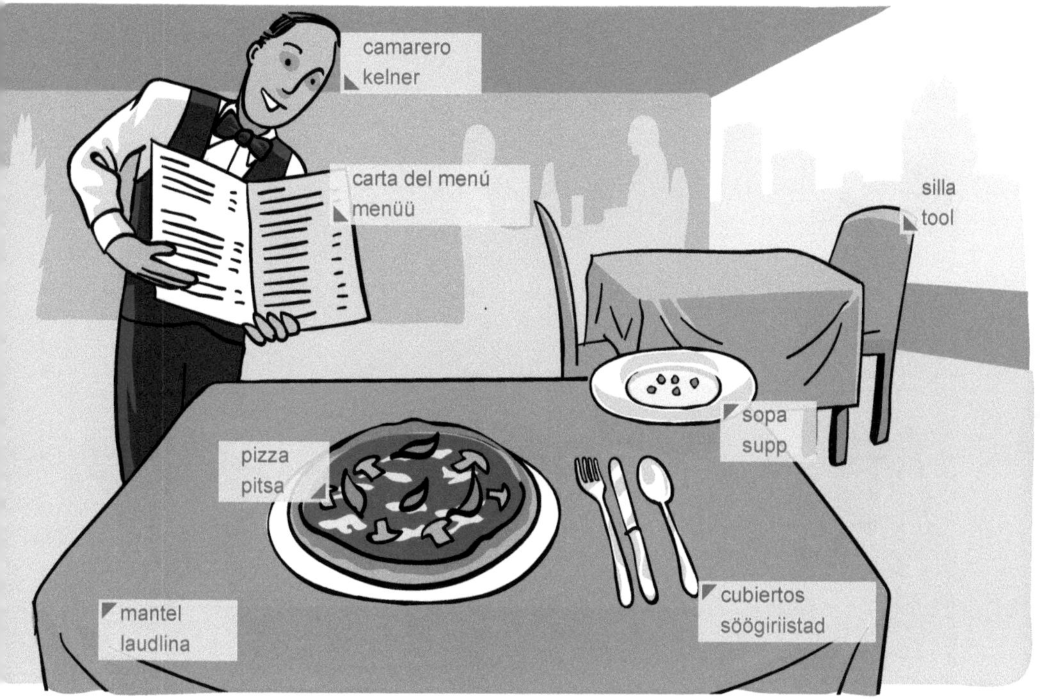
camarero
kelner
carta del menú
menüü
silla
tool
sopa
supp
pizza
pitsa
cubiertos
söögiriistad
mantel
laudlina

entrada

eelroog

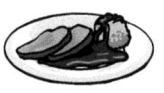

plato principal

pearoog

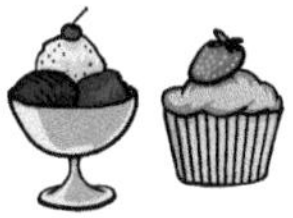

postre

magustoit

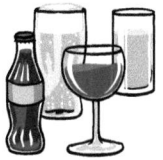

bebida

joogid

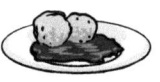

comida

toit

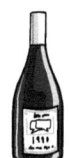

botella

pudel

comida rápida

kiirtoit

comida callejera

tänavatoit

tetera

teekann

azucarera

suhkrutoos

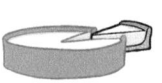

porción

portsjon

máquina de espresso

espressomasin

silla alta

lastetool

factura

arve

bandeja

kandik

cuchillo

nuga

tenedor

kahvel

cuchara

lusikas

cuchara de té

teelusikas

servilleta

salvrätik

vaso

klaas

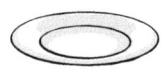

plato
taldrik

plato de sopa
supitaldrik

platillo
alustass

salsa
kaste

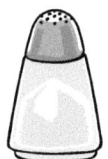

salero
soolatoos

molinillo para pimienta
pipraveski

vinagre
äädikas

aceite
õli

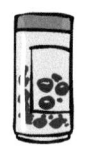

especias
vürtsid

ketchup
ketšup

mostaza
sinep

mayonesa
majonees

supermercado

supermarket

oferta
eripakkumine
FOR
cliente
klient
productos lácteos
piimatooted
fruta
puuviljad
carrito de compras
ostukäru

BUTCHERS

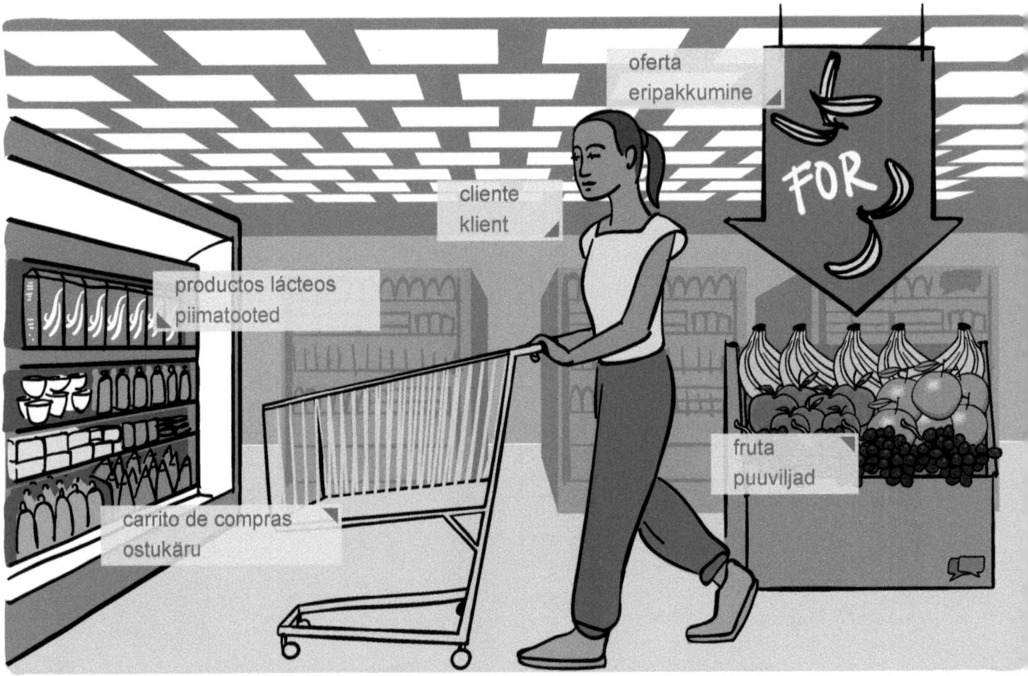

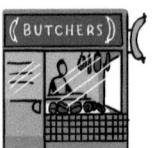

carnicería

lihapood

BAKERY

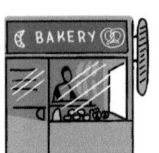

panadería

pagariäri

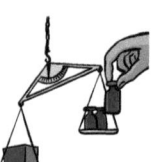

pesar

kaaluma

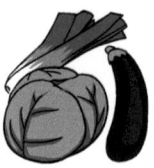

verdura

köögiviljad

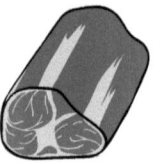

carne

liha

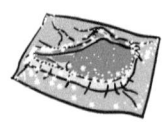

alimentos congelados

külmutatud toit

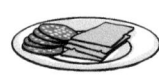

fiambre
lihalõigud

conservas
konservid

detergente en polvo
pesupulber

dulces
maiustused

artículos domésticos
majatarbed

productos de limpieza
puhastustooted

vendedora
müüja

caja
kassaaparaat

cajero
kassapidaja

lista de compras
ostunimekiri

horario de atención
lahtiolekuajad

cartera
rahakott

tarjeta de crédito
krediitkaart

maleta
kott

bolsa plástica
kilekott

agua

vesi

jugo

mahl

leche

piim

refresco de cola

koola

vino

vein

cerveza

õlu

alcohol

alkohol

cacao

kakao

té

tee

café

kohv

espresso

espresso

cappuccino

cappuccino

banana
banaan

manzana
õun

naranja
apelsin

sandía
arbuus

limón
sidrun

zanahoria
porgand

ajo
küüslauk

bambú
bambus

cebolla
sibul

seta
seen

nueces
pähklid

fideos
nuudlid

espagueti

spagetid

arroz

riis

ensalada

salat

patatas fritas

friikartulid

patatas salteadas

praekartulid

pizza

pitsa

hamburguesa

hamburger

sándwich

võileib

escalope

šnitsel

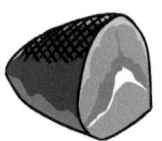

jamón

sink

salame

salaami

embutido

vorst

pollo

kana

asado

praeliha

pescado

kala

copos de avena

kaerahelbed

musli

müsli

copos de maíz tostado

maisihelbed

harina

jahu

croissant

sarvesai

panecillo

kukkel

pan

leib

tostada

röstsai

galletas

küpsised

mantequilla

või

cuajada

kohupiim

pastel

kook

huevo

muna

huevo frito

praemuna

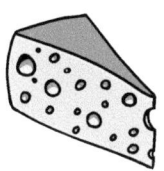

queso

juust

helado

jäätis

azúcar

suhkur

miel

mesi

mermelada

moos

praliné

pähklivõie

curry

karri

granja
talu

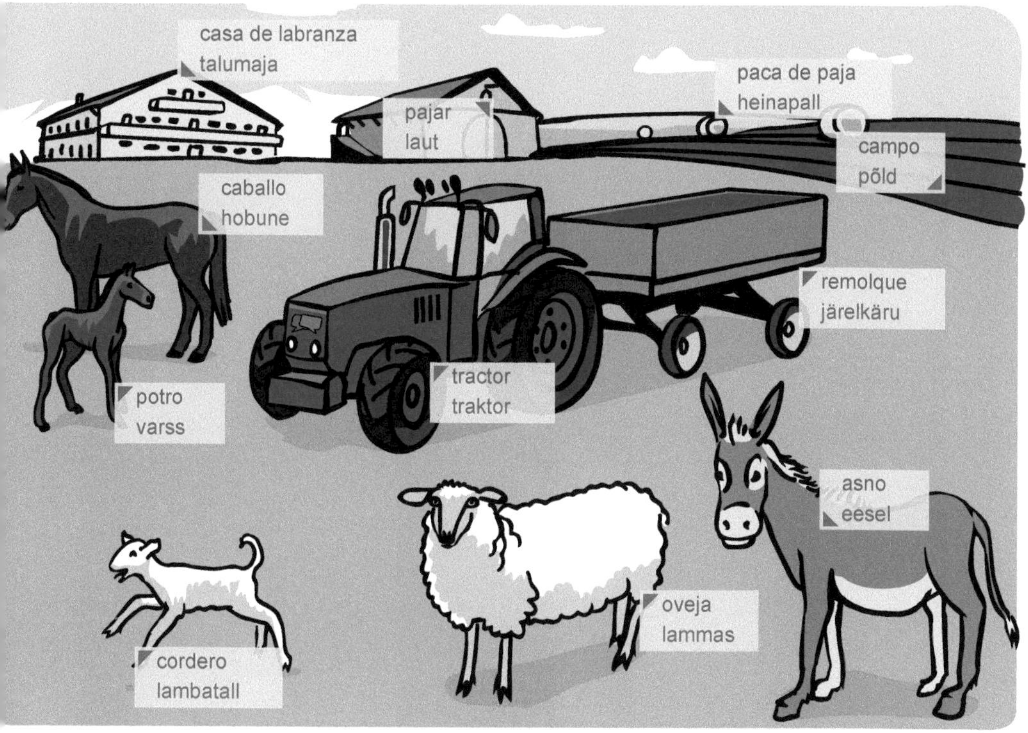
casa de labranza
talumaja
paca de paja
heinapall
pajar
laut
campo
põld
caballo
hobune
remolque
järelkäru
tractor
traktor
potro
varss
asno
eesel
oveja
lammas
cordero
lambatall

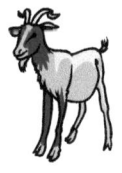

cabra

kits

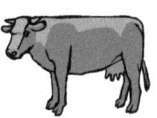

vaca

lehm

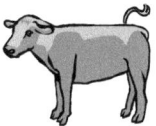

ternero

vasikas

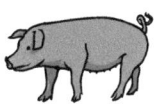

cerdo

siga

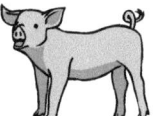

lechón

põrsas

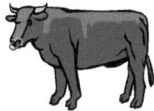

toro

pull

ganso
hani

pato
part

polluelo
tibu

pollo
kana

gallo
kukk

rata
rott

gato
kass

ratón
hiir

buey
härg

perro
koer

caseta del perro
koerakuut

manguera de riego
aiavoolik

regadera
kastekann

guadaña
vikat

arado
ader

hoz
....
sirp

azada
....
kõblas

bieldo
....
hang

hacha
....
kirves

carretilla
....
käru

abrevadero
....
küna

lechera
....
piimanõu

saco
....
kott

cerca
....
tara

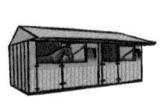

establo
....
tall

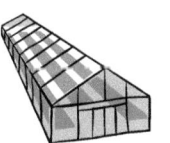

invernadero
....
kasvuhoone

suelo
....
muld

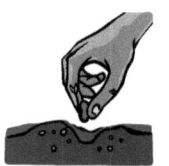

semilla
....
seeme

fertilizante
....
väetis

cosechadora
....
kombain

cosechar

saaki koristama

cosecha

saagikoristus

raíz de ñame

jamss

trigo

nisu

soja

soja

patata

kartul

maíz

mais

colza

raps

Árbol frutal

viljapuu

mandioca

maniokk

cereales

teravili

casa
maja

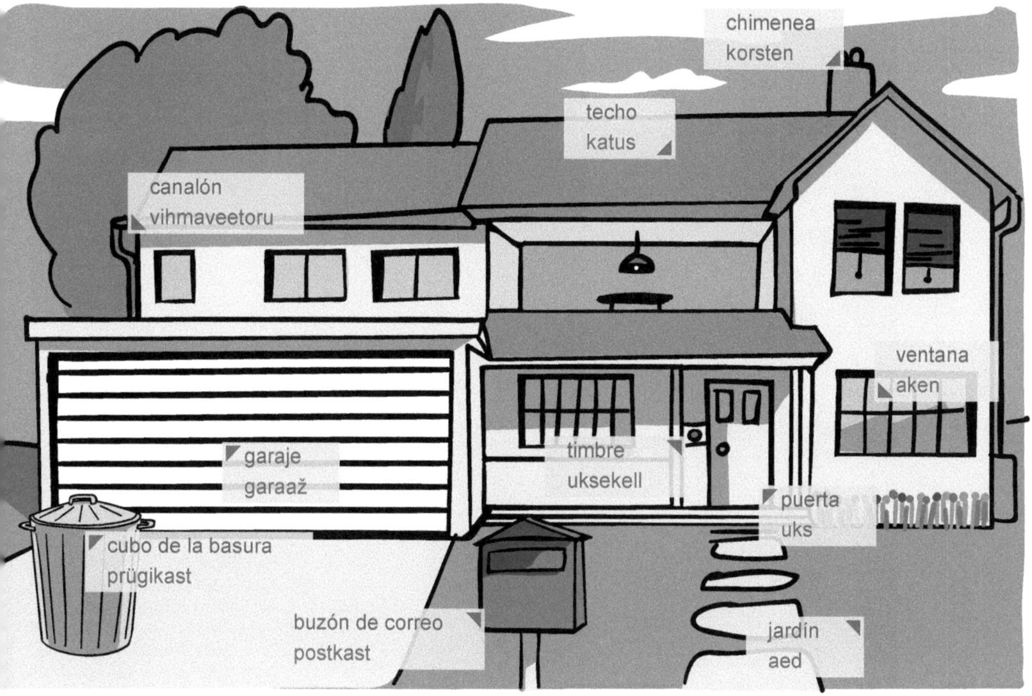
chimenea
korsten
techo
katus
canalón
vihmaveetoru
ventana
aken
garaje
garaaž
timbre
uksekell
puerta
uks
cubo de la basura
prügikast
buzón de correo
postkast
jardín
aed

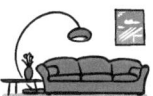

cuarto de estar

elutuba

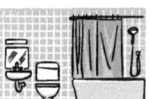

cuarto de baño

vannituba

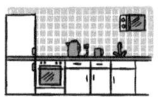

cocina

köök

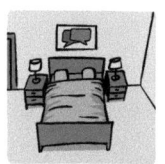

dormitorio

magamistuba

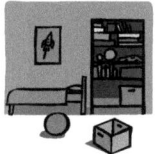

cuarto de los niños

lastetuba

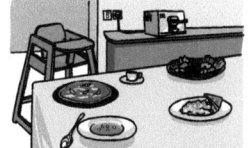

comedor

söögituba

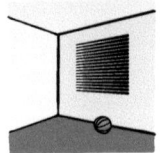

piso

põrand

pared

sein

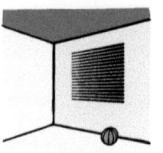

cielorraso

lagi

sótano

kelder

sauna

saun

balcón

rõdu

terraza

terrass

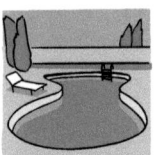

piscina

bassein

cortacésped

muruniiduk

funda nórdica

voodilina

edredón

päevatekk

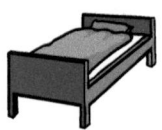

cama

voodi

escoba

luud

cubo

ämber

interruptor

lüliti

cuarto de estar
elutuba

papel para empapelar
tapeet
imagen
pilt
lámpara
lamp
estante
riiul
gabinete
kapp
televisor
televiisor
hogar
kamin
flor
lill
cojín
padi
sofá
diivan
florero
vaas
control remoto
kaugjuhtimispult

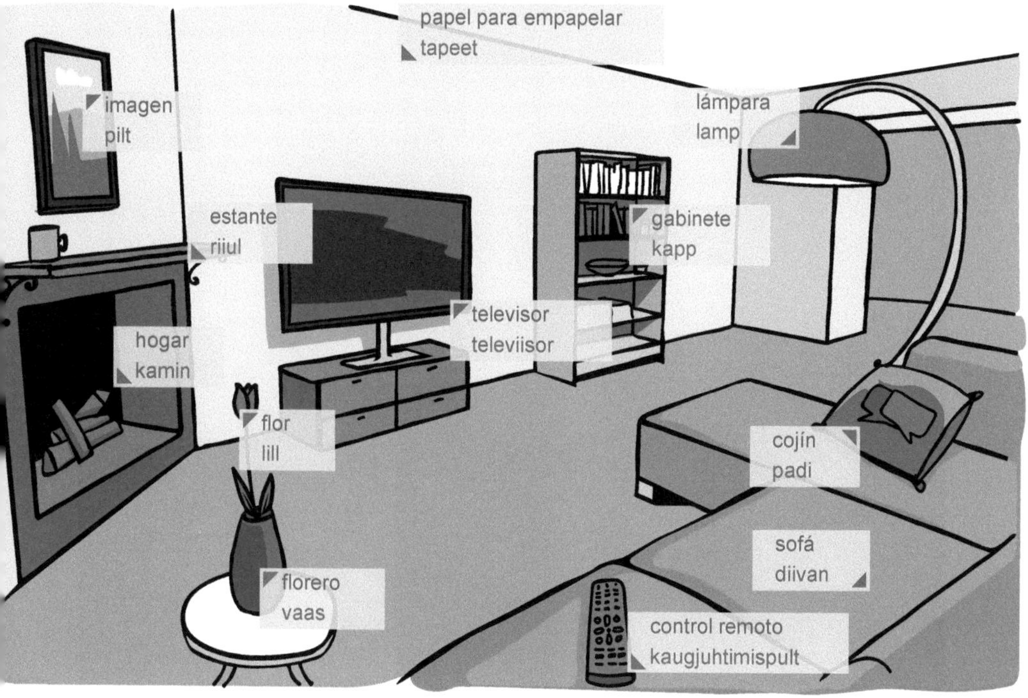

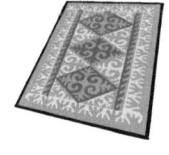

alfombra
vaip

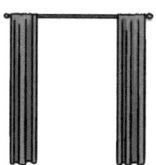

cortina
kardin

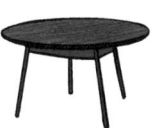

mesa
laud

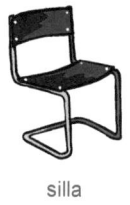

silla
tool

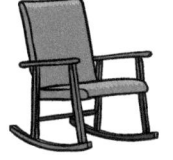

mecedora
kiiktool

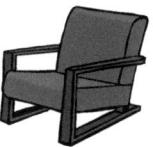

sillón
tugitool

libro

raamat

frazada

tekk

decoración

kaunistus

leña

küttepuud

film

film

equipo estereofónico

helisüsteem

llave

võti

periódico

ajaleht

cuadro

maal

póster

plakat

radio

raadio

bloc de notas

märkmik

aspiradora

tolmuimeja

cactus

kaktus

vela

küünal

cocina
köök

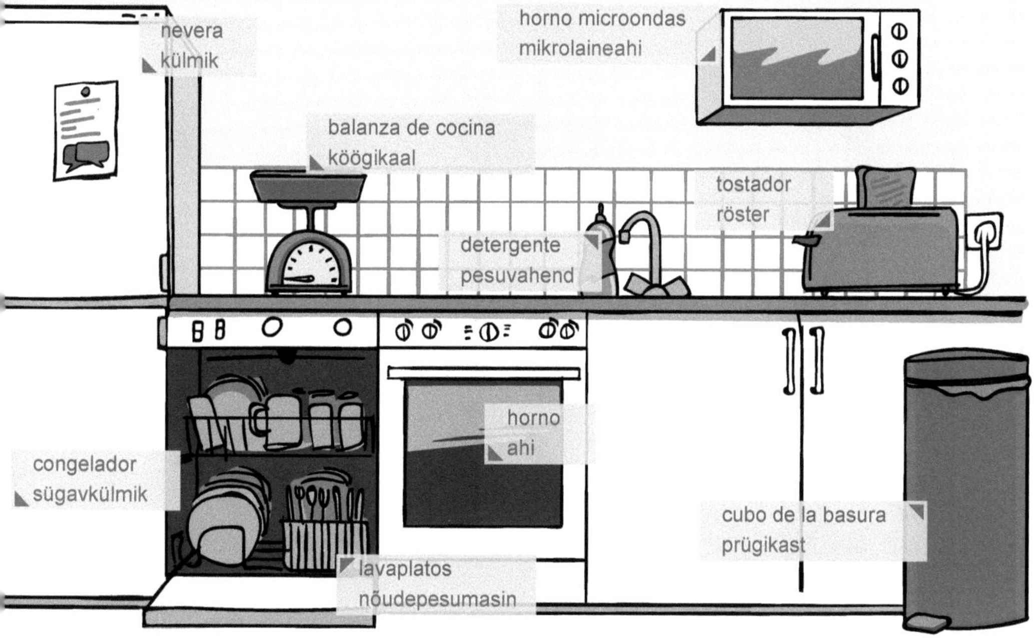

nevera
külmik
horno microondas
mikrolaineahi
balanza de cocina
köögikaal
tostador
röster
detergente
pesuvahend
horno
ahi
congelador
sügavkülmik
cubo de la basura
prügikast
lavaplatos
nõudepesumasin

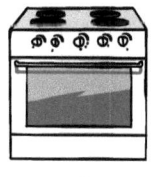

cocina
pliit

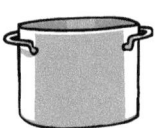

olla
pott

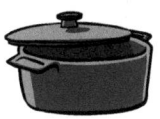

olla de fundición de hierro
malmpott

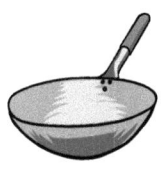

wok / kadai
vokkpann

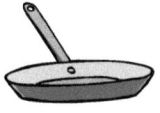

sartén
pann

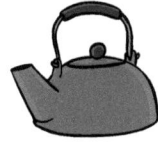

hervidor de agua
veekeetja

olla de vapor

aurutaja

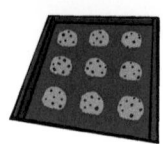

bandeja de horno

küpsetusplaat

vajilla

lauanõud

vaso

kruus

bol

kauss

palillos para comer

söögipulgad

cucharón de sopa

kulp

espátula

pannilabidas

batidor

vispel

colador

kurn

cedazo

sõel

rallador

riiv

mortero

uhmer

parrillada

grill

fogata

lahtine tuli

tabla de picar
lõikelaud

rodillo
tainarull

sacacorchos
korgitser

lata
konservipurk

abrelatas
konserviavaja

agarrador
pajakinnas

fregadero
kraanikauss

cepillo
hari

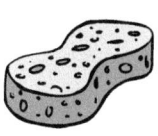

esponja
pesukäsn

batidora
kannmikser

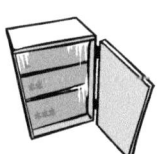

arcón congelador
sügavkülmuti

biberón
lutipudel

grifo
segisti

cocina - köök

37

cuarto de baño

vannituba

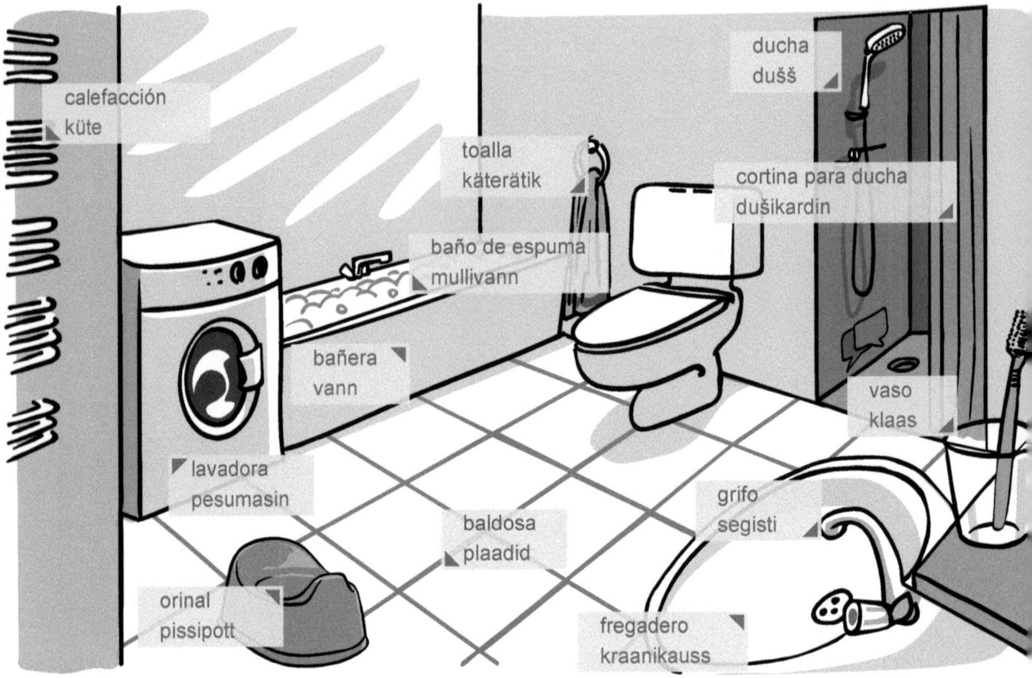

ducha
dušš
calefacción
küte
toalla
käterätik
cortina para ducha
dušikardin
baño de espuma
mullivann
bañera
vann
vaso
klaas
lavadora
pesumasin
grifo
segisti
baldosa
plaadid
orinal
pissipott
fregadero
kraanikauss

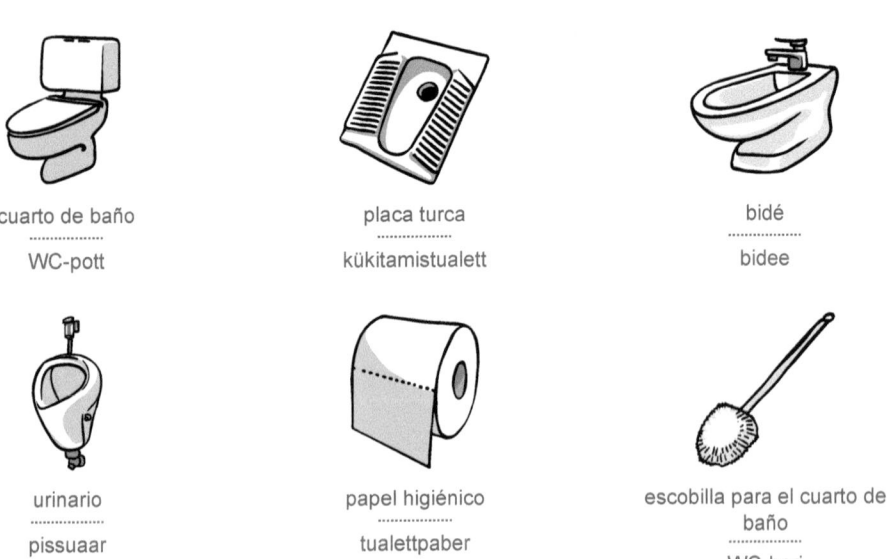

cuarto de baño

WC-pott

placa turca

kükitamistualett

bidé

bidee

urinario

pissuaar

papel higiénico

tualettpaber

escobilla para el cuarto de baño

WC-hari

cepillo de dientes
hambahari

pasta dentífrica
hambapasta

seda dental
hambaniit

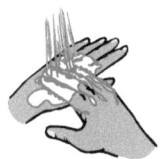
lavar
pesema

ducha teléfono
käsidušš

ducha higiénica
intiimdušš

cuenco
pesukauss

cepillo para la espalda
seljahari

jabón
seep

gel de ducha
dušigeel

champú
šampoon

manopla para baño
vamm

desagüe
äravool

crema
kreem

desodorante
deodorant

espejo

peegel

espejo de maquillaje

käsipeegel

máquina de afeitar

habemenuga

espuma de afeitar

raseerimisvaht

loción para después del afeitado

habemevesi

peine

kamm

cepillo

hari

secador para cabello

föön

laca de peinado

juukselakk

maquillaje

meigikomplekt

lápiz labial

huulepulk

laca para uñas

küünelakk

algodón

vatt

tijera para uñas

küünekäärid

perfume

parfüüm

neceser

tualett-tarvete kott

taburete

taburet

balanza

kaal

bata de baño

hommikumantel

guantes de goma

kummikindad

tampón

tampoon

compresa

hügieeniside

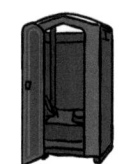

wáter químico

keemiline tualett

cuarto de los niños
lastetuba

despertador
äratuskell
animal de peluche
pehme mänguasi
auto de juguete
mänguauto
sonajero
kõristi
casa de muñecas
nukumaja
obsequio
kingitus

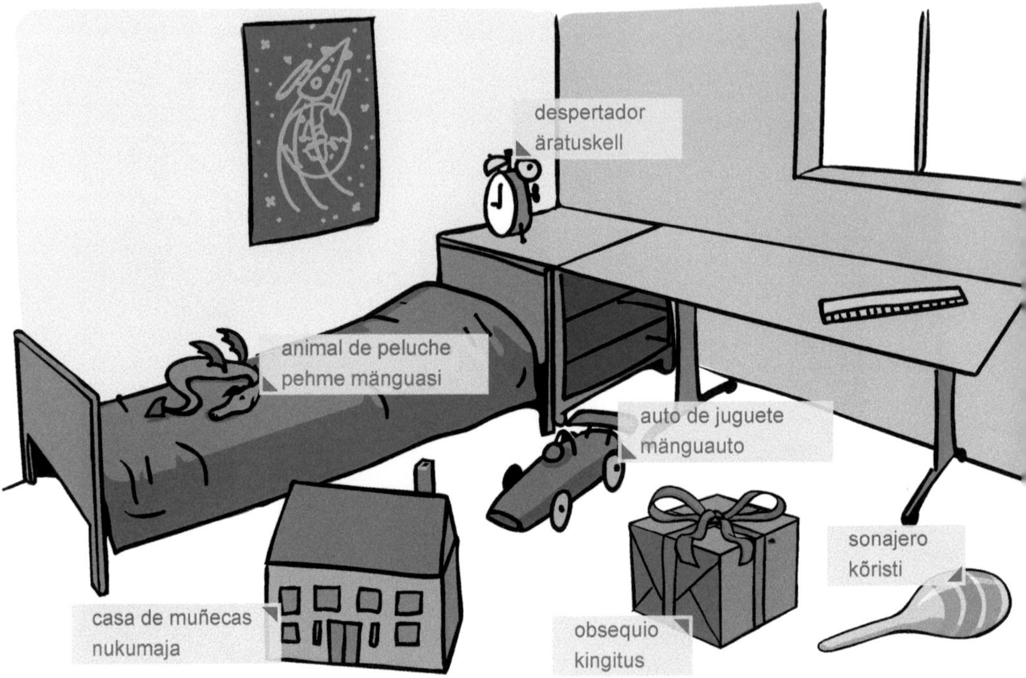

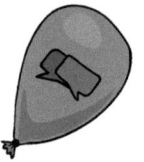

globo
õhupall

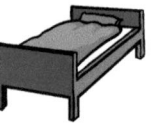

cama
voodi

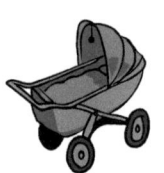

cochecito para niños
lapsevanker

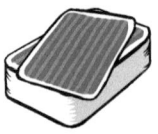

juego de barajas
kaardipakk

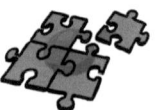

rompecabezas
pusle

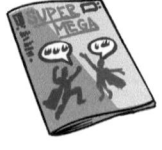

cómic
koomiks

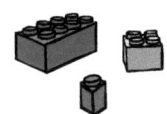

piezas de Lego

Lego klotsid

bloques para jugar

klotsid

figura de acción

kujuke

pijama de una pieza

siputuspüksid

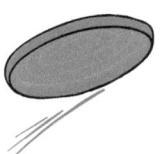

frisbee

lendav taldrik

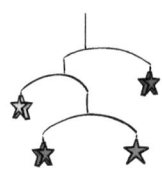

móvil

voodikarussell

juego de mesa

lauamäng

dado

täringud

tren eléctrico a escala

mudelrong

chupete

lutt

fiesta

pidu

libro de dibujos

pildiraamat

pelota

pall

títere

nukk

jugar

mängima

arenero

liivakast

columpio

kiik

juguetes

mänguasjad

consola de videojuego

mängukonsool

triciclo

kolmerattaline jalgratas

osito de peluche

mängukaru

guardarropa

riidekapp

vestimenta

riietus

calcetines

sokid

medias

sukad

panti

sukkpüksid

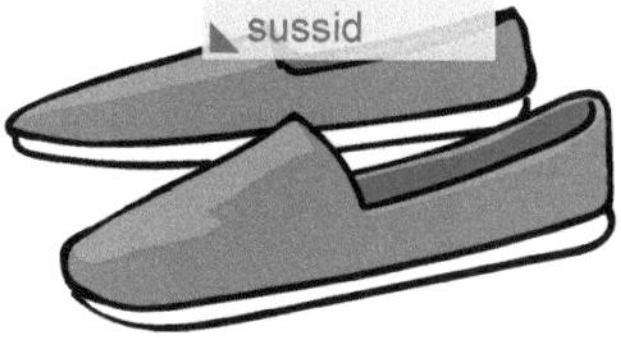

chal
sall

paraguas
vihmavari

camiseta
T-särk

cinturón
vöö

botas
saapad

zapatilla
sussid

deportivas
tossud

sandalias
....
sandaalid

zapatos
....
jalatsid

botas de goma
....
kummikud

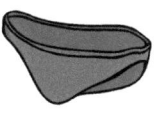

ropa interior
....
aluspüksid

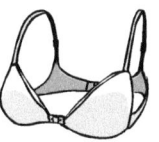

corpiño
....
rinnahoidja

camiseta
....
vest

body
bodi

pantalón
püksid

jeans
teksapüksid

falda
seelik

blusa
pluus

camisa
särk

pullover
sviiter

sweater
dressipluus

blazer
bleiser

chaqueta
jakk

abrigo
mantel

impermeable
vihmamantel

traje chaqueta
kostüüm

vestido
kleit

vestido de bodas
pulmakleit

vestimenta - riietus

traje

ülikond

camisón

öösärk

pijama

pidžaama

sari

sari

pañuelo de cabeza

pearätt

turbante

turban

burka

burka

caftán

kaftan

abaya

abayah

traje de baño

ujumistrikoo

bañador

ujumispüksid

shorts

lühikesed püksid

chándal

dressid

delantal

põll

guante

kindad

botón

nööp

gafa

prillid

brazalete

käevõru

cadena

kaelakee

anillo

sõrmus

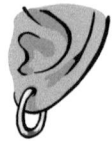

aro

kõrvarõngas

gorra

nokamüts

percha

riidepuu

sombrero

kaabu

corbata

lips

cierre a cremallera

tõmblukk

casco

kiiver

tiradores

traksid

uniforme escolar

koolivorm

uniforme

vormirõivad

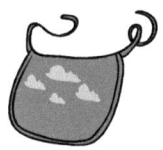

babero

pudipõll

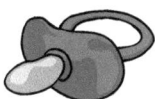

chupete

lutt

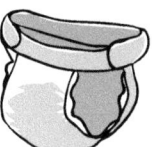

pañal

mähe

oficina
kontor

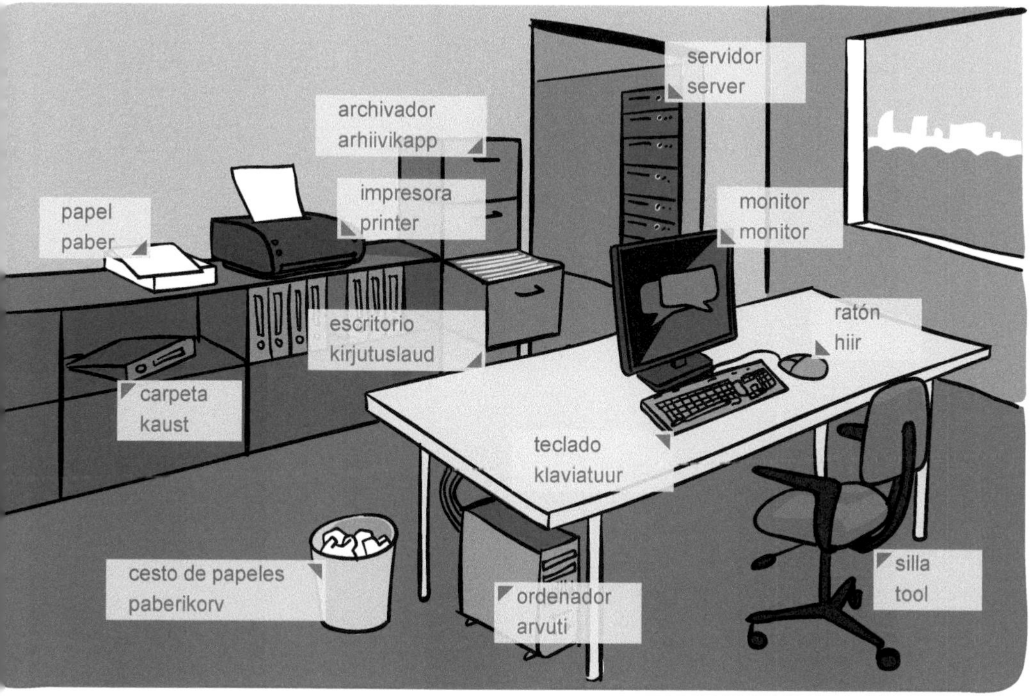
servidor
server
archivador
arhiivikapp
impresora
printer
papel
paber
monitor
monitor
escritorio
kirjutuslaud
ratón
hiir
carpeta
kaust
teclado
klaviatuur
cesto de papeles
paberikorv
ordenador
arvuti
silla
tool

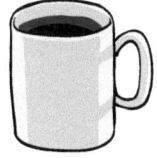

taza de café

kohvikruus

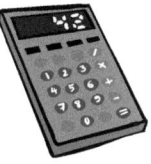

calculadora

kalkulaator

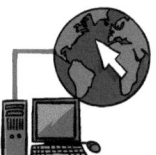

internet

internet

laptop

sülearvuti

carta

kiri

mensaje

sõnum

teléfono móvil

mobiiltelefon

red

võrk

fotocopiadora

koopiamasin

software

tarkvara

teléfono

telefon

tomacorriente

pistikupesa

máquina de fax

faksimasin

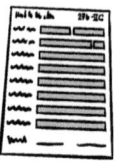

formulario

vorm

documento

dokument

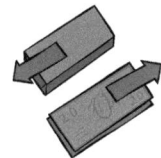

comprar
....
ostma

pagar
....
maksma

comerciar
....
vahetama

dinero
....
raha

USD

dólar
....
dollar

EUR

euro
....
euro

JPY

yen
....
jeen

RUB

rublo
....
rubla

CHF

franco
....
Šveitsi frank

CNY

renminbi
....
renminbi jüaan

INR

rupia
....
ruupia

cajero automático
....
sularahaautomaat

casa de cambio

valuutavahetuspunkt

oro

kuld

plata

hõbe

petróleo

nafta

energía

energia

precio

hind

contrato

leping

impuesto

maks

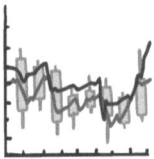

acción

aktsia

trabajar

töötama

empleado

töötaja

empleador

tööandja

fábrica

tehas

negocio

kauplus

ocupaciones
ametid

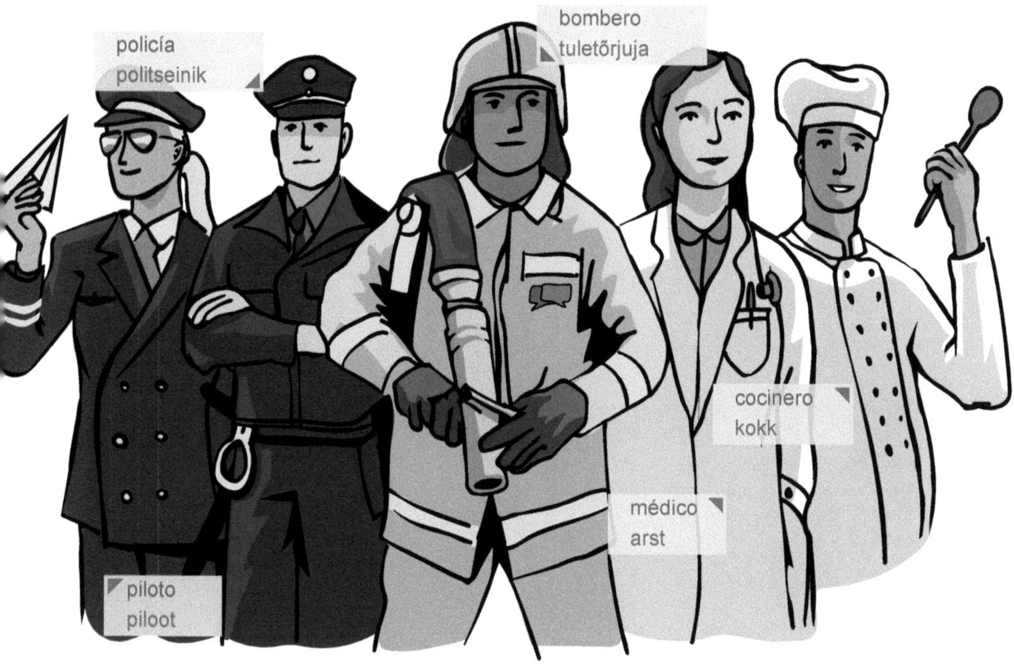
bombero
tuletõrjuja
policía
politseinik
cocinero
kokk
médico
arst
piloto
piloot

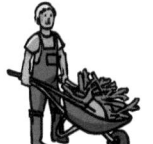

jardinero

aednik

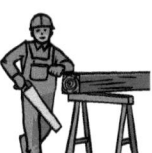

carpintero

puusepp

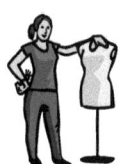

costurera

õmbleja

juez

kohtunik

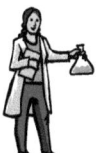

químico

keemik

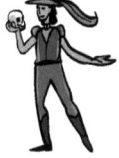

actor

näitleja

conductor de autobús

bussijuht

taxista

taksojuht

pescador

kalamees

mujer de la limpieza

koristaja

techista

katusepaigaldaja

camarero

kelner

cazador

jahimees

pintor

maaler

panadero

pagar

electricista

elektrik

albañil

ehitaja

ingeniero

insener

carnicero

lihunik

fontanero

torumees

cartero

postiljon

soldado

sõdur

arquitecto

arhitekt

cajero

kassapidaja

florista

lillemüüja

peluquero

juuksur

cobrador

piletikontrolör

mecánico

mehaanik

capitán

kapten

odontólogo

hambaarst

científico

teadlane

rabino

rabi

imam

imaam

monje

munk

párroco

preester

herramientas
tööriistad

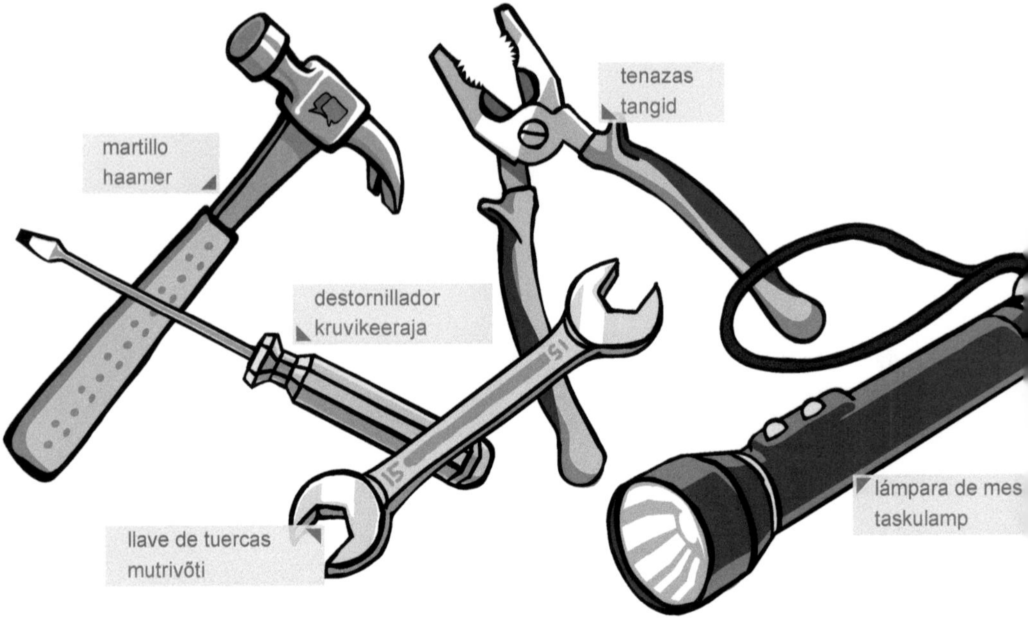
tenazas
tangid
martillo
haamer
destornillador
kruvikeeraja
lámpara de mes
taskulamp
llave de tuercas
mutrivõti

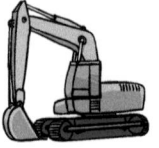

excavadora

ekskavaator

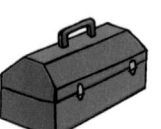

caja de herramientas

tööriistakast

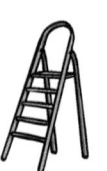

escalerilla

redel

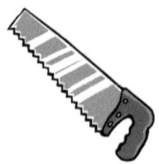

serrucho

saag

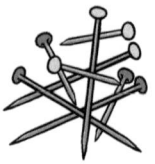

clavos

naelad

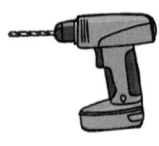

taladro

trell

reparar
parandama

pala
labidas

¡Maldición!
Põrgusse!

recogedor
kühvel

lata de pintura
värvipott

tornillos
kruvid

instrumentos musicales
pillid

altavoz
kõlar

batería
trummikomplekt

guitarra
kitarr

contrabajo
kontrabass

trompeta
trompet

piano

klaver

violín

viiul

bajo

bass

timbales

timpan

tambor

trummid

teclado

süntesaator

saxofón

saksofon

flauta

flööt

micrófono

mikrofon

entrada
sissepääs

tigre
tiiger

jaula
puur

cebra
sebra

comida para animales
loomasööt

panda
panda

animales
loomad

elefante
elevant

canguro
känguru

rinoceronte
ninasarvik

gorila
gorilla

oso
karu

camello

kaamel

avestruz

jaanalind

león

lõvi

mono

ahv

flamengo

flamingo

papagayo

papagoi

oso polar

jääkaru

pingüino

pingviin

tiburón

hai

pavo real

paabulind

serpiente

madu

cocodrilo

krokodill

cuidador del zoológico

loomaaiatalitaja

foca

hüljes

jaguar

jaaguar

zoológico - loomaaed

pony

poni

leopardo

leopard

hipopótamo

jõehobu

jirafa

kaelkirjak

águila

kotkas

jabalí

metssiga

pescado

kala

tortuga

kilpkonn

morsa

morsk

zorro

rebane

gacela

gasell

deporte
sport

fútbol americano
Ameerika jalgpall

ciclismo
jalgrattasõit

tenis
tennis

baloncesto
korvpall

natación
ujumine

boxeo
poksimine

hockey sobre hielo
jäähoki

fútbol
jalgpall

badminton
sulgpall

atletismo
kergejõustik

balonmano
käsipall

esquí
suusatamine

polo
polo

actividades
tegevused

saltar
hüppama
abrazar
kallistama
reír
naerma
caminar
jalutama
cantar
laulma
soñar
unistama
rezar
palvetama
besar
suudlema

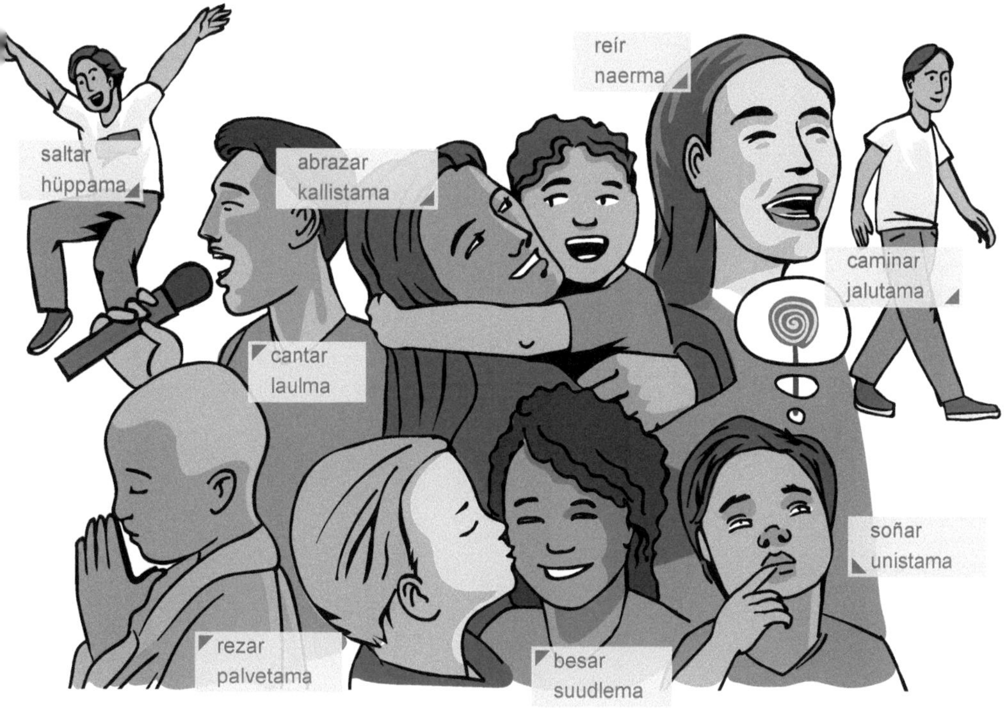

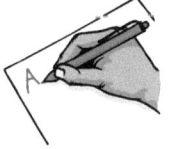

escribir

kirjutama

dibujar

joonistama

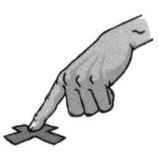

mostrar

näitama

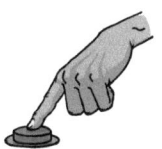

presionar

lükkama

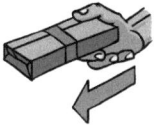

dar

andma

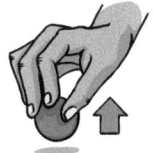

tomar

võtma

tener

omama

hacer

tegema

ser

olema

estar de pie

seisma

correr

jooksma

tirar

tõmbama

arrojar

viskama

caer

kukkuma

estar acostado

lamama

esperar

ootama

llevar

kandma

estar sentado

istuma

vestirse

riidesse panema

dormir

magama

despertar

ärkama

mirar
vaatama

llorar
nutma

acariciar
paitama

peinarse
kammima

conversar
rääkima

entender
aru saama

preguntar
küsima

oír
kuulama

beber
jooma

comer
sööma

asear
korrastama

amar
armastama

cocinar
süüa tegema

conducir
sõitma

volar
lendama

navegar

purjetama

calcular

arvutama

leer

lugema

aprender

õppima

trabajar

töötama

casarse

abielluma

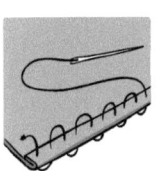

coser

õmblema

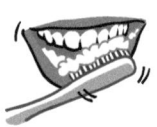

limpiarse los dientes

hambaid pesema

matar

tapma

fumar

suitsetama

enviar

saatma

familia
perekond

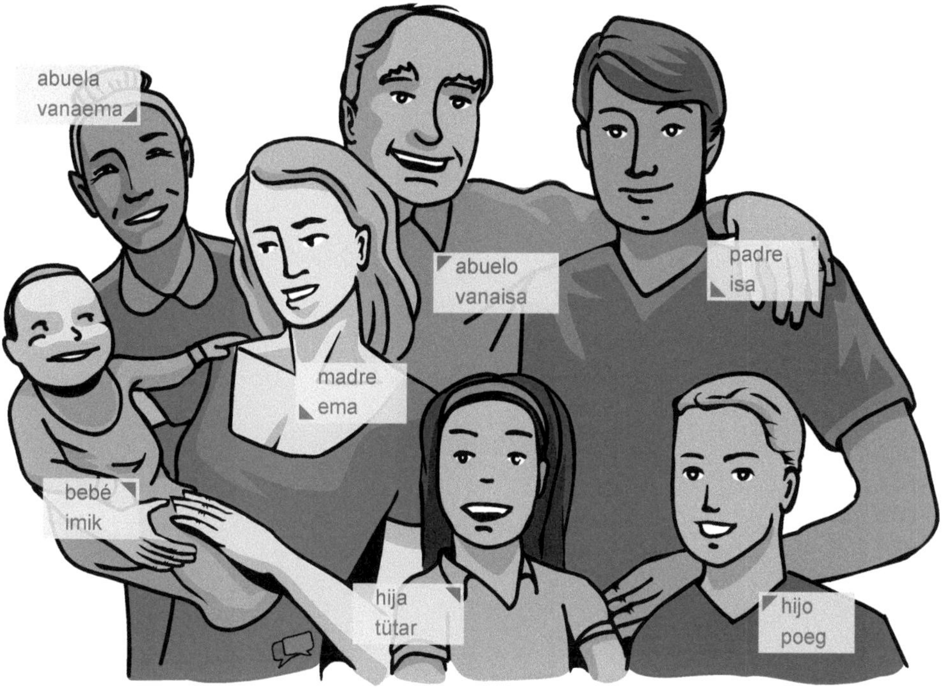
abuela
vanaema
abuelo
vanaisa
padre
isa
madre
ema
bebé
imik
hija
tütar
hijo
poeg

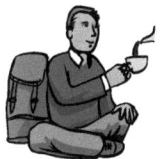

invitado
külaline

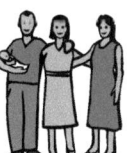

tía
tädi

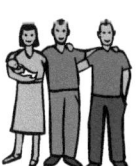

tío
onu

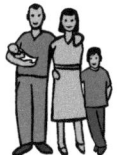

hermano
vend

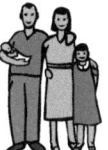

hermana
õde

cuerpo
keha

frente
otsmik
ojo
silm
hombro
õlg
dedo
sõrm
cara
nägu
barbilla
lõug
mano
käsi
pierna
jalg
pecho
rind
brazo
käsivars

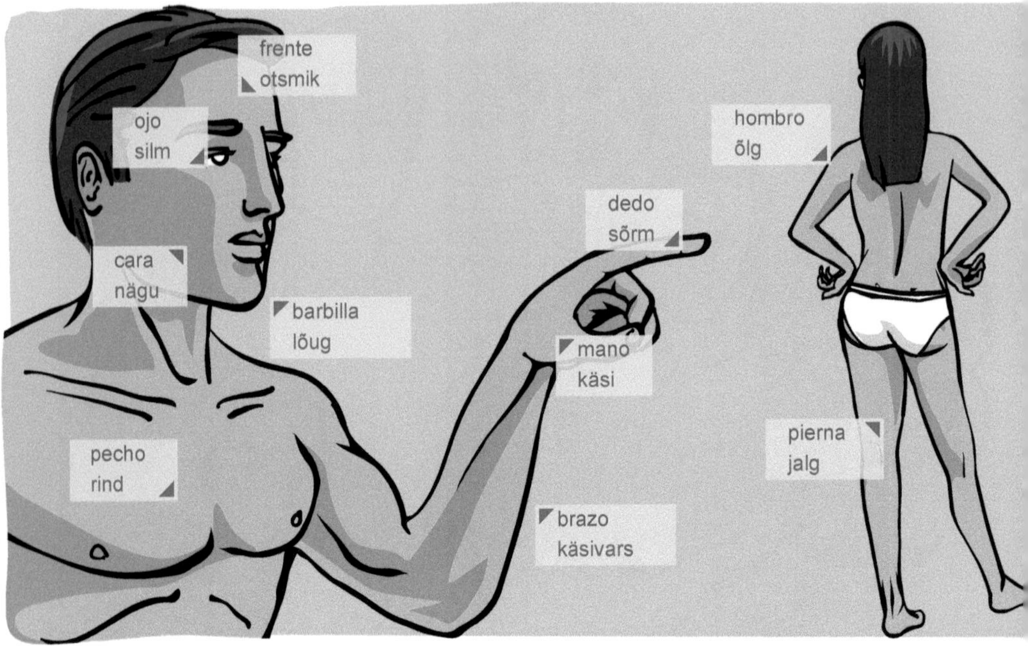

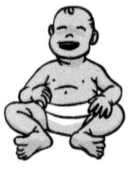

bebé
imik

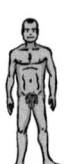

hombre
mees

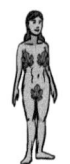

mujer
naine

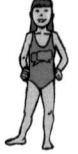

muchacha
tüdruk

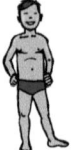

joven
poiss

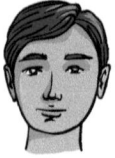

cabeza
pea

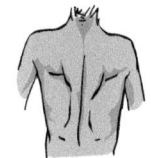

espalda

selg

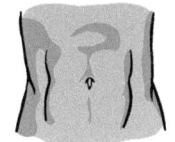

vientre

kõht

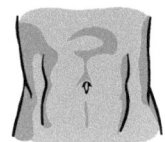

ombligo

naba

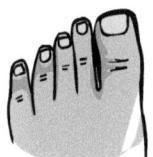

dedo del pie

varvas

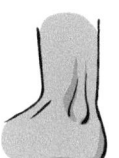

talón

kand

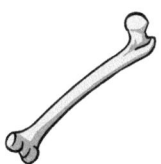

hueso

luu

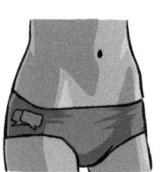

cadera

puus

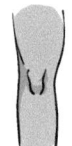

rodilla

põlv

codo

küünarnukk

nariz

nina

trasero

tagumik

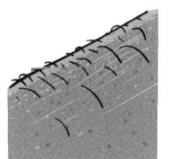

piel

nahk

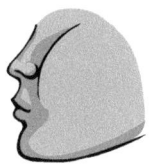

mejilla

põsk

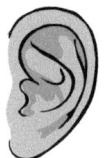

oreja

kõrv

labio

huuled

boca

suu

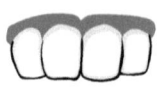

diente

hammas

lengua

keel

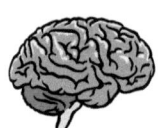

cerebro

aju

corazón

süda

músculo

lihas

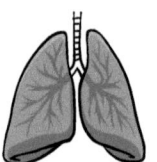

pulmón

kops

hígado

maks

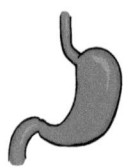

estómago

magu

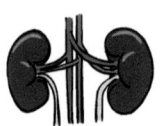

riñones

neerud

relación sexual

seksuaalvahekord

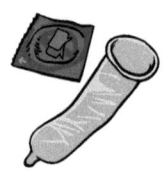

condón

kondoom

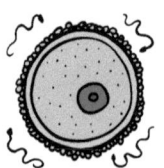

Óvulo

munarakk

esperma

sperma

embarazo

rasedus

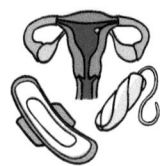

menstruación

menstruatsioon

vagina

vagiina

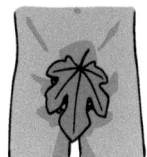

pene

peenis

ceja

kulm

cabello

juuksed

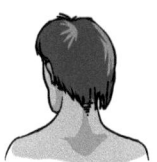

cuello

kael

hospital
haigla

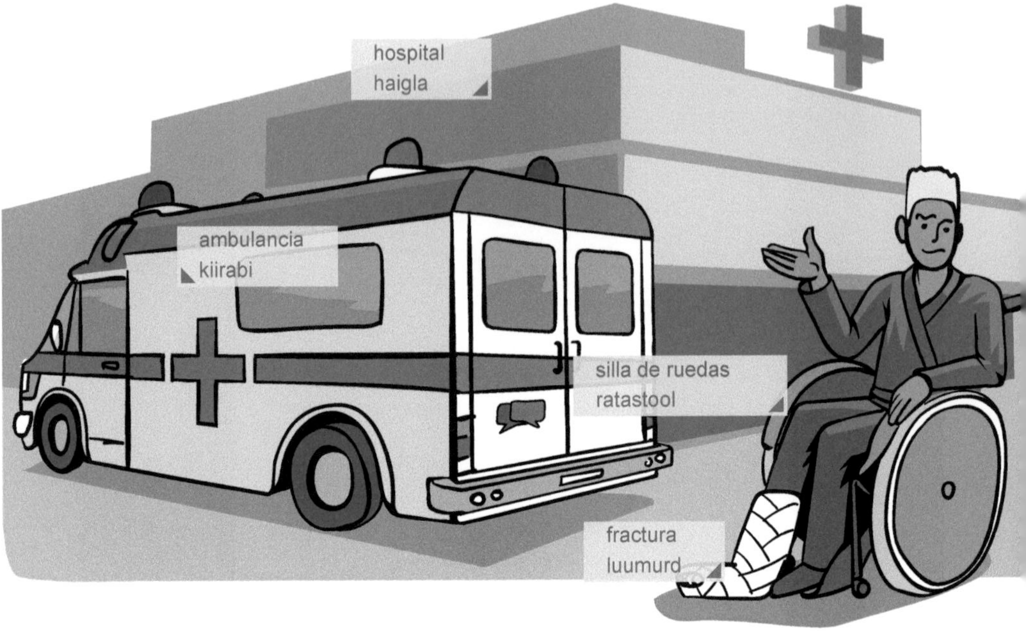
hospital
haigla
ambulancia
kiirabi
silla de ruedas
ratastool
fractura
luumurd

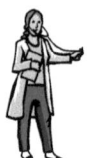

médico

arst

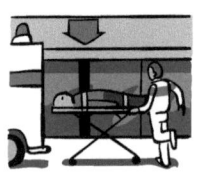

admisión de urgencia

traumapunkt

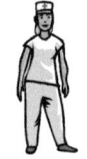

enfermera

meditsiiniõde

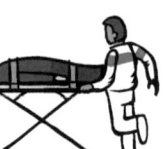

emergencia

hädaolukord

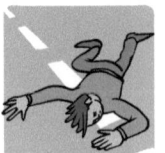

inconsciente

teadvuseta

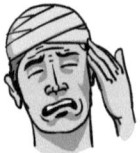

dolor

valu

lesión

vigastus

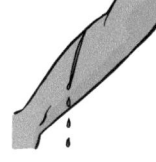

hemorragia

verejooks

infarto de miocardio

südamerabandus

apoplejía cerebral

insult

alergia

allergia

tos

köha

fiebre

palavik

gripe

gripp

diarrea

kõhulahtisus

dolor de cabeza

peavalu

cáncer

vähk

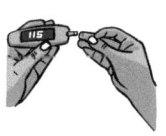

diabetes

diabeet

cirujano

kirurg

escalpelo

skalpell

operación

operatsioon

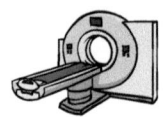

TC
KT

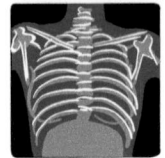

rayos X
röntgen

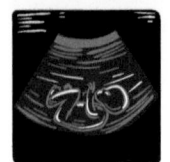

ultrasonido
ultraheli

máscara
mask

enfermedad
haigus

sala de espera
ooteruum

muleta
kark

emplasto
kips

vendaje
side

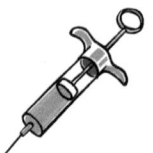

inyección
süst

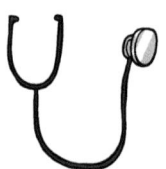

estetoscopio
stetoskoop

camilla
kanderaam

termómetro
kraadiklaas

nacimiento
sünd

sobrepeso
ülekaaluline

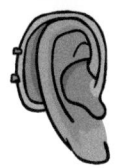

audífono

kuuldeaparaat

desinfectante

desinfektsioonivahend

infección

põletik

virus

viirus

VIH / SIDA

HIV / AIDS

medicina

meditsiin

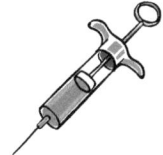

vacunación

vaktsineerimine

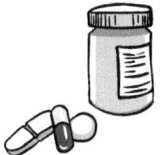

comprimido

tabletid

píldora anticonceptiva

pill

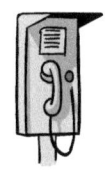

llamada de emergencia

hädaabikõne

medidor de presión arterial

vererõhuaparaat

enfermo / saludable

haige / terve

¡Ayuda!

Appi!

alarma

häire

asalto

kallaletung

ataque

rünnak

peligro

oht

salida de emergencia

avariiväljapääs

¡Fuego!

Tulekahju!

extintor

tulekustuti

accidente

õnnetus

kit de primeros auxilios

esmaabikomplekt

SOS

SOS

Policía

politsei

Europa

Euroopa

América del Norte

Põhja-Ameerika

América del Sur

Lõuna-Ameerika

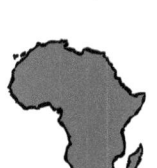

África

Aafrika

Asia

Aasia

Australia

Austraalia

Atlántico

Atlandi ookean

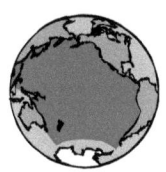

Pacífico

Vaikne ookean

Océano Índico

India ookean

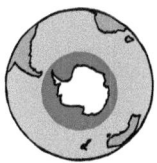

Océano Antártico

Lõuna-Jäämeri

Océano Ártico

Põhja-Jäämeri

Polo Norte

põhjapoolus

Polo Sur

lõunapoolus

Antártida

Antarktika

Tierra

Maa

país

maismaa

mar

meri

isla

saar

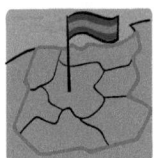

nación

rahvus

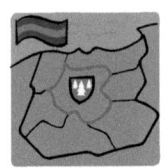

Estado

riik

cuadrante

sihverplaat

horario

tunniosuti

minutero

minutiosuti

segundero

sekundiosuti

¿Qué hora es?

Mis kell on?

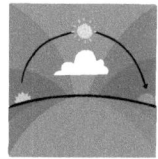

día

päev

tiempo

aeg

ahora

praegu

reloj digital

digitaalne kell

minuto

minut

hora

tund

semana
nädal

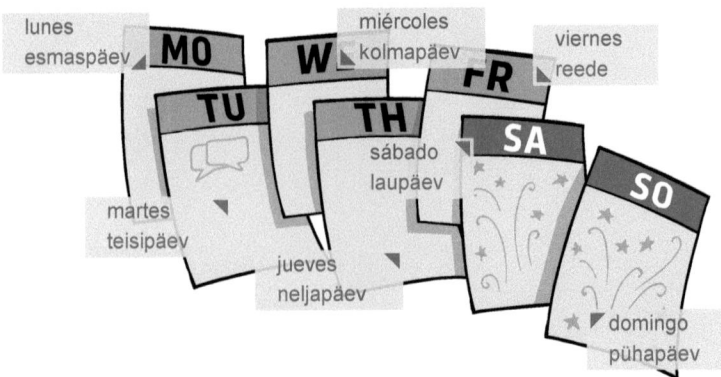

lunes
esmaspäev

MO

W miércoles
kolmapäev

FR viernes
reede

TU

TH

SA sábado
laupäev

SO

martes
teisipäev

jueves
neljapäev

domingo
pühapäev

ayer

eile

hoy

täna

mañana

homme

mañana

hommik

mediodía

lõuna

tarde

õhtu

MO	TU	WE	TH	FR	SA	SU
1	2	3	4	5	6	7
8	9	10	11	12	13	14
15	16	17	18	19	20	21
22	23	24	25	26	27	28
29	30	31	1	2	3	4

jornada de trabajo

tööpäevad

MO	TU	WE	TH	FR	SA	SU
1	2	3	4	5	6	7
8	9	10	11	12	13	14
15	16	17	18	19	20	21
22	23	24	25	26	27	28
29	30	31	1	2	3	4

fin de semana

nädalavahetus

año
aasta

lluvia
vihm
arco iris
vikerkaar
nieve
lumi
viento
tuul
primavera
kevad
otoño
sügis
verano
suvi
invierno
talv

4.APRIL 11°
5.APRIL 4°
6.APRIL 13°
7.APRIL 8°
8.APRIL 10°

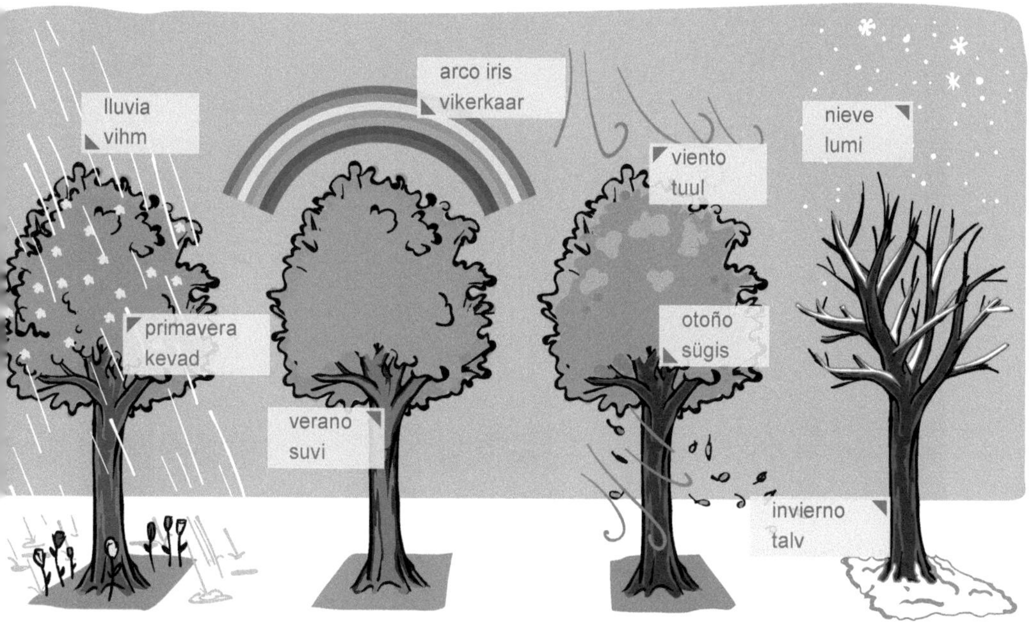

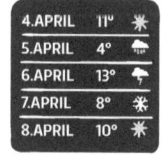

pronóstico meteorológico
ilmaennustus

F C
120 40
90 30
60 20
30 10
0 0
-30 -10
-20

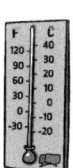

termómetro
termomeeter

luz solar
päikesepaiste

nube
pilv

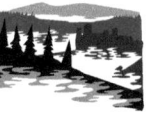

niebla
udu

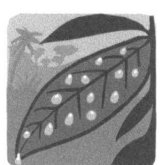

humedad ambiente
niiskus

relámpago

pikne

trueno

kõu

tormenta

torm

granizo

rahe

monzón

mussoon

inundación

üleujutus

hielo

jää

enero

jaanuar

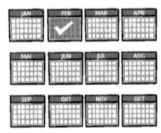

febrero

veebruar

marzo

märts

abril

aprill

mayo

mai

junio

juuni

julio

juuli

agosto

august

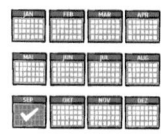

septiembre

september

octubre

oktoober

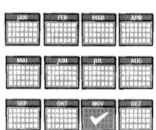

noviembre

november

diciembre

detsember

formas

kujundid

círculo

ring

cuadrado

ruut

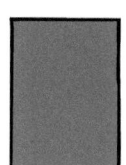

rectángulo

nelinurk

triángulo

kolmnurk

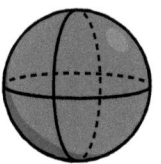

esfera

kera

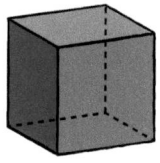

cubo

kuup

blanco

valge

amarillo

kollane

anaranjado

oranž

rosa

roosa

rojo

punane

lila

lilla

azul

sinine

verde

roheline

marrón

pruun

gris

hall

negro

must

mucho / poco
palju / vähe

enojado / calmado
vihane / rahulik

bonito / feo
ilus / inetu

comienzo / fin
algus / lõpp

grande / pequeño
suur / väike

claro / oscuro
hele / tume

hermano / hermana
vend / õde

limpio / sucio
puhas / must

completo / incompleto
täielik / puudulik

día / noche
päev / öö

muerto / vivo
surnud / elus

ancho / angosto
lai / kitsas

disfrutable / no disfrutable

söödav / mittesöödav

malo / amigable

kuri / sõbralik

excitado / aburrido

põnevil / tüdinud

gordo / delgado

paks / peenike

primero / último

esimene / viimane

amigo / enemigo

sõber / vaenlane

lleno / vacío

täis / tühi

duro / suave

kõva / pehme

pesado / liviano

raske / kerge

hambre / sed

nälg / janu

enfermo / saludable

haige / terve

ilegal / legal

ebaseaduslik / seaduslik

inteligente / tonto

tark / rumal

izquierda / derecha

vasak / parem

cercano / lejano

lähedal / kaugel

nuevo / usado

uus / kasutatud

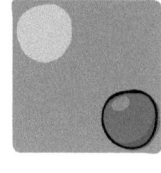

nada / algo

mitte midagi / midagi

viejo / joven

vana / noor

encendido / apagado

sees / väljas

abierto / cerrado

lahti / kinni

bajo / fuerte

vaikne / vali

rico / pobre

rikas / vaene

correcto / incorrecto

õige / vale

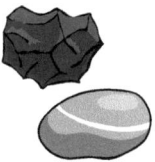

áspero / liso

kare / sile

triste / alegre

kurb / rõõmus

breve / extenso

lühike / pikk

lento / veloz

aeglane / kiire

mojado / seco

märg / kuiv

caliente / frío

soe / jahe

guerra / paz

sõda / rahu

0	**1**	**2**
cero	uno	dos
null	üks	kaks

3	**4**	**5**
tres	cuatro	cinco
kolm	neli	viis

6	**7**	**8**
seis	siete	ocho
kuus	seitse	kaheksa

9	**10**	**11**
nueve	diez	once
üheksa	kümme	üksteist

12

doce

kaksteist

13

trece

kolmteist

14

catorce

neliteist

15

quince

viisteist

16

dieciséis

kuusteist

17

diecisiete

seitseteist

18

dieciocho

kaheksateist

19

diecinueve

üheksateist

20

veinte

kakskümmend

100

cien

sada

1.000

mil

tuhat

1.000.000

millón

miljon

inglés

inglise

inglés estadounidense

Ameerika inglise

chino mandarín

mandariini

hindi

hindi

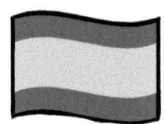

español

hispaania

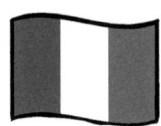

francés

prantsuse

árabe

araabia

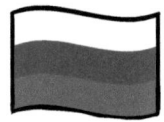

ruso

vene

portugués

portugali

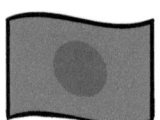

bengalí

bengali

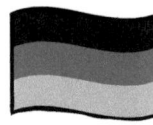

alemán

saksa

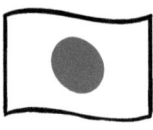

japonés

jaapani

yo

mina

tú

sina

él / ella

tema

nosotros

meie

vosotros

teie

ellos

nemad

¿quién?

kes?

¿qué?

mis?

¿cómo?

kuidas?

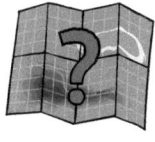

¿dónde?

kus?

¿cuándo?

millal?

nombre

nimi

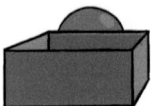

detrás
....
taga

en
....
sees

delante de
....
ees

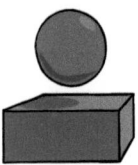

encima de
....
kohal

sobre
....
peal

debajo de
....
all

junto a
....
kõrval

entre
....
vahel

lugar
....
koht